Arte ensamblado

Dona Herweck Rice

Smithsonian

Autora contribuyente

Jennifer Lawson

Asesoras

Emily Key
Directora de programas educativos
Smithsonian Latino Center

Sharon Banks
Maestra de tercer grado
Escuelas Públicas de Duncan

Créditos de publicación

Rachelle Cracchiolo, M.S.Ed., *Editora comercial*

Conni Medina, M.A.Ed., *Redactora jefa*

Diana Kenney, M.A.Ed., *NBCT, Directora de contenido*

Véronique Bos, *Directora creativa*

Robin Erickson, *Directora de arte*

Michelle Jovin, M.A., *Editora asociada*

Caroline Gasca, M.S.Ed., *Editora superior*

Mindy Duits, *Diseñadora gráfica superior*

Walter Mladina, *Investigador de fotografía*

Smithsonian Science Education Center

Créditos de imágenes: portada, pág.1, pág.19 Zuma Press/Alamy; págs.2–3 Gary Cameron/Reuters/Newscom; pág.7 (inferior) cortesía de Tonya Corkey; pág.9 dpa picture alliance archive/Alamy; pág.11 (superior) cortesía de Metropolitan Transportation Authority of the State of New York; pág.12 Wonderlane; pág.13 Riccardo Sala/agefotostock/Newscom; pág.18 © WashedAshore.org; pág.20 (izquierda) Getty Images; pág.20 (derecha) Underawesternsky/Shutterstock; pág.21 James Michael Dorsey/Shutterstock; pág.21 (recuadro) BB Prince/Shutterstock; pág.22 (inferior) Bob Chamberlin/Los Angeles Times a través de Getty Images; pág.23 Levi Clancy; pág.24 Robyn Beck/AFP/Getty Images; pág.25 (superior) Marie Appert/iStock; pág.25 (inferior) Lucas Jackson/Reuters/Newscom; pág.26 Alistair Heap/Alamy; pág.27 (superior) Reuters/Newscom; pág.27 (centro) Imaginechina/Newscom; pág.27 (inferior, izquierda) Li Changxiang Xinhua News Agency/Newscom; todas las demás imágenes cortesía de iStock y/o Shutterstock.

Library of Congress Cataloging-in-Publication Data

Names: Rice, Dona, author. | Smithsonian Institution.
Title: Arte ensamblado / Dona Herweck Rice.
Other titles: Piecing art together. Spanish
Description: Huntington Beach, CA : Teacher Created Materials, 2020. | Includes index. | Audience: Grades 2-3
Identifiers: LCCN 2019047720 (print) | LCCN 2019047721 (ebook) | ISBN 9780743926409 (paperback) | ISBN 9780743926553 (ebook)
Subjects: LCSH: Artists' materials--Juvenile literature. | Art--Juvenile literature.
Classification: LCC N8530 .R5318 2019 (print) | LCC N8530 (ebook) | DDC 702.8--dc23

✹ Smithsonian

Teacher Created Materials

5301 Oceanus Drive
Huntington Beach, CA 92649-1030
www.tcmpub.com

ISBN 978-0-7439-2640-9

©2020 Teacher Created Materials, Inc.
Printed in Malaysia
Thumbprints.25941

Contenido

Mira a tu alrededor

Cientos de plumas cubren a un arrendajo azul. Miles de hojas cubren un árbol. Millones de granos de arena cubren una playa.

Mira a tu alrededor. El mundo está repleto de pequeñas cosas que se combinan y forman cosas más grandes y hermosas. El arte también puede ser así. De hecho, ¡algunos artistas solo trabajan con pedacitos de objetos para crear grandes obras de arte **ensamblado**!

arrendajo azul

arce

granos de arena

De encontrado a fabuloso

La mayoría de los artistas crean sus obras de arte usando **medios** tradicionales. Usan cosas como pintura y arcilla. Otros artistas usan medios diferentes. Prefieren hacer sus obras con cosas que encuentran. Buscan la belleza en los objetos encontrados. Por ejemplo, ¡se han hecho obras de arte con la **pelusa** que queda en las secadoras de ropa! También se usan pedacitos y partes de materiales naturales.

Un artista hace vasijas de arcilla.

Una artista usa pintura sobre un lienzo.

Pelusa

La pelusa se desprende de la ropa en las secadoras. El color de la pelusa depende del color de las telas que había en la secadora. Las pelusas de cada color pueden usarse como están o se pueden mezclar para crear obras de arte.

Esta obra de Tonya Corkey está hecha con pelusas tomadas de secadoras de ropa.

Los artistas pueden encontrar arte en cualquier lugar que miren. Pueden convertir basura o pedazos de vidrio rotos en obras de arte. Con los pedazos, pueden formar imágenes de objetos conocidos. O a veces forman patrones.

Lo que los artistas hacen puede ser gracioso o serio. El arte puede tener un propósito o simplemente puede ser divertido. Pero no importa para qué sirva: ¡sigue siendo arte!

La basura y los materiales reciclados pueden convertirse en obras de arte.

Esta obra de arte de HA Schult se llama *Gente basura*.

Mosaicos maravillosos

Los mosaicos son obras de arte que se hacen con muchas piezas pequeñas, que pueden ser **teselas**, piedritas, pedacitos de vidrio, caracolas o cuentas. Los artistas usan esas piezas para formar imágenes o patrones.

Los mosaicos se pueden usar para hacer cosas como pisos o paredes. También se pueden usar como obras de arte. Pueden tener cualquier tamaño, forma o color.

Una artista añade teselas a un mosaico.

Este mosaico de vidrio está en la pared de una estación de metro de Alemania.

Hacer mosaicos

Los artistas primero miden el tamaño que puede tener un mosaico de acuerdo con su ubicación. Así, saben cuántas piezas necesitan. Después, comparan las formas de las piezas que tienen. De ese modo, saben cómo unir las piezas. Por último, agregan una masa llamada **lechada** entre las piezas para fijarlas en su lugar.

Hechos para durar

Las personas han hecho mosaicos desde la **antigüedad**. En algunos museos hay mosaicos que tienen muchísimos años. Y algunos edificios viejos todavía tienen mosaicos antiguos. Muchos de esos mosaicos están **intactos**. Las piezas se han mantenido en su lugar todos estos años.

Los mosaicos de hoy suelen hacerse tal como se hacían hace mucho tiempo. Las técnicas no han cambiado mucho. ¡Esperemos que los mosaicos actuales también duren tanto!

Algunos **monjes** hacen mosaicos de arena llamados mandalas.

Los visitantes de este museo aprenden sobre la Puerta de Istar, un mosaico creado cerca del año 575 a. C.

Paciencia

Los artistas que hacen mosaicos deben tener paciencia. Cada pieza tiene que ser del tamaño y de la forma correctos. También hay que colocar las piezas en el lugar justo. Una pieza mal ubicada puede afectar todo el diseño. Lo mejor para los artistas es hacer un buen plan antes de colocar cualquier pieza. Tienen que tomarse el tiempo necesario para que todo salga bien.

Un artista coloca con cuidado una tesela en su mosaico.

Una artista coloca el último pedacito de piedra en su mosaico de un león.

De basura marina a tesoros

Hay mucha basura flotando en los océanos del mundo. La mayor parte de esa basura es de plástico. A la gente le preocupa lo que esa basura le hace a la vida marina. Puede tener un efecto mortal. Algunos artistas quieren alertar a la gente sobre ese problema. ¿Cómo lo hacen? ¡Crean obras de arte!

Esta escultura de un elefante está hecha con botellas de plástico.

Corriente del Pacífico Norte

**Zona de
convergencia subtropical**

Kuroshio

California

Isla de basura occidental

**Isla de basura oriental
o Anticiclón Subtropical
del Pacífico Norte**

Corriente ecuatorial del norte

Las corrientes oceánicas arrastran el plástico y
lo juntan en lugares llamados islas de basura.

Una tortuga marina se come
una bolsa de plástico.

El proyecto Washed Ashore hace obras de arte con objetos de plástico recuperados del mar. Una de sus esculturas es un pez loro. Su nombre es Priscilla. La artista combinó todos los colores y las formas para crear un pez enorme. Es una figura brillante y divertida. Pero también tiene una historia que contar. Sin decir una palabra, transmite a las personas que no está bien tirar basura en los océanos.

Una artista del proyecto Washed Ashore comienza a crear una escultura.

Priscilla, el pez loro

Adiós al plástico

El plástico tarda cientos de años en **descomponerse**. Los científicos están trabajando para crear un nuevo tipo de plástico. Esperan poder encontrar la manera de hacer que se descomponga más rápidamente.

Parte por parte

Algunos artistas crean obras gigantes, una parte a la vez. Es lo que hizo Simon Rodia. Construyó unas torres metálicas gigantescas en el patio de su casa. Las torres están cubiertas de pedacitos de vidrio, azulejos y otros materiales. Rodia encontró los objetos cerca de su casa. Usó cemento para fijar las piezas.

Rodia construyó 17 torres. ¡Tardó 33 años! Las torres están en California. Hoy en día, se las conoce como las torres Watts.

Esta es la entrada a las torres Watts.

Simon Rodia construye una de las torres Watts.

torres Watts

detalle de una de
las torres Watts

Rodia le puso a su obra un nombre en español: la llamó *Nuestro Pueblo*. La construyó en una zona de Los Ángeles llamada Watts. El nombre de la ciudad de Los Ángeles también está en español. Rodia hizo su obra *desde* la ciudad y *para* la ciudad de Los Ángeles.

Las torres Watts aún están en pie. Pero, con los años, el sol las ha dañado. Se está trabajando para proteger las torres. Las torres son parte de la historia de la ciudad.

Un grupo de trabajadores tratan de reparar una de las torres Watts.

Salvar las torres

El calor del sol hace que las torres Watts se muevan un poco cada día. Debido a ello, se forman grietas en el cemento de las torres. Los ingenieros están tratando de hallar una sustancia que puedan usar para rellenar las grietas. La sustancia debe ser flexible y, a la vez, sostener las torres.

Cerca de Los Ángeles, hay otras obras de arte que se construyen parte por parte. ¡Y son obras de arte móviles! En el Año Nuevo se hace un desfile. El Desfile del Torneo de las Rosas® está lleno de **carrozas**. Las carrozas están cubiertas de flores y otras plantas. Cientos de ayudantes hacen estas obras de arte.

Las personas cubren las carrozas con millones de flores, hojas y semillas. Colocan cada parte, una por una. Pero las plantas no duran mucho. Cada año se hacen nuevas carrozas.

Todos los años hay muchas carrozas coloridas en el Desfile de las Rosas.

Esta carroza fue construida por el Museo de Historia Natural del condado de Los Ángeles para el Desfile de las Rosas.

Una voluntaria pone una rosa en una carroza.

El arte está donde lo encuentres

¡Cualquier cosa puede usarse para hacer arte! Muchas personas han usado pequeños ladrillos de plástico para crear obras de arte, pero ¿podrían haber usado palillos? ¿Y cereales o pan tostado? ¡Todas estas cosas se han usado para realizar obras de arte!

Todo puede ser arte, y puedes encontrar arte en cualquier lugar. Mira a tu alrededor. ¿Dónde ves una obra de arte?

El artista Nathan Wyburn agrega pan tostado a su obra con la figura de Kate Middleton de la realeza británica.

La práctica de hacer obras de arte con objetos encontrados parece haber surgido en Francia. Esa práctica se llamaba *objet trouvé*, u "objeto encontrado".

Esta estatua de Flash®, un superhéroe de historieta, fue hecha con ladrillos de plástico en Francia, en 2018.

Esta estatua del personaje de videojuegos Yoshi® se hizo con latas de sopa en Nueva York, en 2015.

El artista Liu Xuedong posa junto a su obra de un caballo hecha con palillos de dientes.

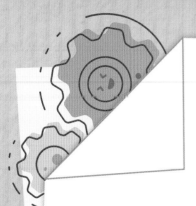

DESAFÍO DE CTIAM

Define el problema

En tu ciudad están organizando un día de arte con objetos reciclados. Te han pedido que diseñes una escultura.

Limitaciones: Tienes que usar por lo menos 10 objetos para hacer la escultura. Debes usar cosas que la mayoría de las personas arrojarían a la basura. Puedes usar cinta adhesiva o pegamento para unir todas las partes.

Criterios: Tu modelo tiene que mantenerse en pie durante al menos 15 segundos.

Investiga y piensa ideas

¿Por qué hay que tener paciencia al crear obras de arte? ¿Qué tipos de objetos pueden considerarse basura? ¿Cómo puedes hacer que tu escultura se mantenga en pie?

Diseña y construye

Reúne al menos 10 objetos de la basura que puedas usar para tu obra. ¿Qué propósito cumple cada parte? ¿Cuáles son los materiales que mejor funcionarán? Crea tu escultura.

Prueba y mejora

Muestra el diseño a tus amigos. ¿Usaste en la escultura al menos 10 elementos de la basura? ¿Tu escultura se mantuvo en pie 15 segundos? ¿Cómo puedes mejorarla? Mejora tu diseño y vuelve a intentarlo.

Reflexiona y comparte

¿Por qué deberían hacerse obras de arte con objetos de la basura? ¿De qué otro modo se puede convertir la basura en algo nuevo?

Glosario

antigüedad: una época que pasó hace mucho tiempo

carrozas: vehículos con plataformas que se usan en desfiles y que tienen muchos adornos

descomponerse: pudrirse lentamente mediante procesos naturales

ensamblado: hecho con distintas piezas unidas

intactos: que no han sido dañados

lechada: una masa que se usa para rellenar grietas o espacios entre piezas pequeñas

medios: métodos o materiales que usan los artistas

monjes: hombres que pertenecen a algunos grupos religiosos y que llevan una vida retirada de la sociedad, generalmente sin usar dinero

pelusa: pelos pequeños de tela u otros materiales suaves que a veces quedan en las secadoras de ropa

teselas: piezas de piedra, arcilla o vidrio con las que se forma un mosaico

Índice

Consejos profesionales
del Smithsonian

¿Quieres ser artista?

Estos son algunos consejos para empezar.

"Haz preguntas y habla con la gente. Intenta hacer cosas nuevas, ¡y podrás ser un gran artista!".
—*Emily Key, directora de programas educativos*

"Para ser un gran artista, tienes que saber de muchos temas; por ejemplo, de historia y de ciencias. ¡Estudia mucho y empieza a crear!".
—*Diane Kidd, ilustradora y educadora de museo*